Voyages 1

FRANZÖSISCH FÜR ERWACHSENE

Lösungsheft zum Lehr- und Arbeitsbuch

Ernst Klett Sprachen
Stuttgart

Voyages 1

FRANZÖSISCH FÜR ERWACHSENE

von
Myriam Goupille

1. Auflage 1 7 6 5 | 2013 12 11

Alle Drucke dieser Auflage sind unverändert.
Die letzten Zahlen bezeichnen jeweils die Auflage und das Jahr des Druckes.

Internetadresse: www.klett.de

Redaktion Bettina Aumann
Layout Marion Köster
Satz Satzkasten, Stuttgart
Druck Druckerei A. Plenk KG, Berchtesgaden
Printed in Germany

ISBN 978-3-12-529201-7

9 783125 292017

UNITÉ 1

a.

1. le champagne
2. les croissants
3. le parfum

b.

1. **le** métro
2. **les** boulevard**s**
3. **les** café**s**
4. **les** bistrot**s**
5. **les** musée**s**
6. **les** avenue**s**
7. **la** mode
8. **les** boutique**s**

A. Un, deux, trois…

1 a.

1. le chocolat
2. les chansons
3. les croissants
4. les oranges
5. le camembert
6. la musique
7. la culture
8. le rendez-vous
9. la boutique
10. la mousse au chocolat

b.

Dix – neuf – huit – sept – six – cinq – quatre – trois – deux – un – zéro

d.

1. **Ch** *klingt wie* **sch**.
2. *Alle Wörter enthalten Nasale.*
3. **U** *klingt wie* **ü**.
4. **Ou** *klingt wie* **u**.

3 a.

masculin pluriel : les croissants
féminin pluriel : les chansons

Im Französischen gibt es nur zwei Geschlechter. Bei Wörtern, die mit Vokal oder **h** beginnen, wird **le** oder **la** zu **l'** verkürzt. Um den Plural zu bilden, hängt man an die Singularform ein **s** an.

4 b.

Au wird wie **o** ausgesprochen.
C wird vor **e** und **i** wie **ß** ausgesprochen.
Ch wird wie **sch** ausgesprochen.
Eu klingt wie ein deutsches **ö**.
G wird vor **e** und **i** wie in *Genie* ausgesprochen.
Gn wird wie **nj** ausgesprochen.
H wird nicht ausgesprochen.
J wird wie in *Journalist* ausgesprochen.
Ou wird wie **u** ausgesprochen.
S klingt zwischen Vokalen weich wie in *Rose*.
U klingt immer wie **ü**.
V klingt immer weich wie ein deutsches **w**.
Y klingt meistens wie **i**.
Z klingt immer wie ein weiches **s**.

B. Bonjour et au revoir !

1 a.

1. e – 2. d – 3. c – 4. b – 5. a – 6. f

b.

1. Commen**t‿a**llez-vous ?
2. Vou**s‿ê**tes monsieur Petit ?
3. Vou**s‿ê**tes les copines de Valentin, non ?
4. *Keine liaison.*
5. *Keine liaison.*
6. *Keine liaison.*

2

1. suis
2. êtes
3. Tu
4. Vous
5. c'est

	être
je	suis
tu	es
il / elle	est
nous	sommes
vous	êtes
ils / elles	sont

3 **a.**

Comment ça va ?
Comment **allez-vous**, madame ?
Ça **va** ?

4

	1	2	3	4	5	6
duzen		x	x		x	x
siezen	x			x		

5 **a.**

Sandrine : Montréal
Guillaume : Fribourg
Mme Durant : Lausanne
Olivier : Liège

b.

Hambourg, c'est Hamburg.
Hanovre, c'est Hannover.
Fribourg, c'est Freiburg.
Munich, c'est München.
Cologne, c'est Köln.
Dresde, c'est Dresden.
Berne, c'est Bern.
Mayence, c'est Mainz.
Vienne, c'est Wien.
Bâle, c'est Basel.
Salzbourg, c'est Salzburg.
Sarrebruck, c'est Saarbrücken.
Aix-la-Chapelle, c'est Aachen.

7 **a.**

	wie in **E**hre	wie in **Ä**hre
Montréal	x	
l'Algérie	x	
le Sénégal	x – x	
la Norvège		x
Genève		x
le Québec	x	x
la Réunion	x	
Liège		x

é klingt wie das **e** in **Ehre**,
è klingt wie das **ä** in **Ähre**.

8

Nom et prénom : König, Ingrid.

UNITÉ 2

1. *Foto unten links*
2. *Foto oben links*
3. *Foto unten, Mitte*
4. *Foto oben, Mitte*
5. *Foto oben rechts*

A. Vous habitez où ?

1 **a.**

C'est fantastique ! – C'est magnifique !
Vous n'êtes pas français… ? – Vous n'êtes pas d'ici… ?
… on habite à Salzbourg. – … nous habitons à Salzbourg.
Ah, la ville de Mozart. – Ah, Salzbourg, la ville de Mozart.
… j'aime beaucoup Mozart. – … j'aime la musique de Mozart.
Nous restons cinq jours… – Nous restons trois jours…
… des amis de Toulouse – … des amis de Bordeaux
… mon numéro de portable. – … mon numéro de téléphone.

b.

	habiter
j'	habite
tu	habites
il / elle / on	habite
nous‿	habitons
vous‿	habitez
ils‿	habitent

c.

1. sont
2. restent
3. visitent
4. est
5. habitent
6. parlent
7. habite
8. aime

3 c.

a) 60
b) 95
c) 71
d) 17

4 a.

Numéro de téléphone : 04.91.75.62.16
Adresse e-mail : c.duval@wanadoo.fr

B. Quelle est votre profession ?

1 b.

masculin : représentant – informaticien – technicien
féminin : infirmière

2 a.

professeur d'allemand – électricien – directeur commercial – ingénieur – interprète

b.

Virginie : professeur de langues – un institut de langues – Strasbourg
Gilles : électricien au chômage – Lyon
Pierre : directeur commercial – « Monoprix » – Lyon
Bruno : employé – agence de voyages – Lyon
Juliette : interprète – entreprise internationale – Bruxelles

c.

Virginie est professeur. Elle travaille dans un institut de langues à Strasbourg.
Gilles est électricien mais en ce moment il est au chômage. Il habite à Lyon.
Pierre est directeur commercial chez « Monoprix ». Il habite à Lyon.
Bruno travaille dans une agence de voyages à Lyon.
Juliette est interprète dans une entreprise internationale à Bruxelles.

d.

	faire	avoir
je	fais	ai
tu	fais	as
il / elle / on	fait	a
nous	faisons	avons
vous	faites	avez
ils / elles	font	ont

3 a.

1. Jacques **est** professeur de français. Il **travaille** dans un institut de langues ?
2. Michel et François **habitent** à Bordeaux ?
3. Vous **travaillez** toujours chez « Michelin » ?
4. Elle **est** mariée avec un électricien.
5. Ils **ont** trois enfants.
6. Jean-Luc **parle** anglais et allemand.

6

1. Quel est votre numéro de téléphone et quelle est votre profession ?
2. Nous sommes en vacances en Provence et nous restons cinq jours à Marseille.
3. Gérard est directeur commercial dans une entreprise internationale.
4. Marie fait un cours de français avec une amie de Bruxelles.

5. Florence et Léonard habitent à Bordeaux et travaillent dans une agence de voyages.
6. Elle est informaticienne dans une banque à Paris.

7 a.

Tu habites / vous habitez dans le centre ?
Tu as / vous avez des enfants ?
Tu parles / vous parlez espagnol ?
Tu travailles / vous travaillez dans une entreprise internationale ?
Tu fais / vous faites du sport ?
Tu as / vous avez des amis en France ?
Tu es / vous êtes étudiant/e ?
Tu aimes / vous aimez la musique classique ?
Tu es / vous êtes à la retraite ?

UNITÉ 3

(M) Métro	Gare
Cathédrale	Musée

A. Paris, c'est magnifique !

1 c.

Oui, elle aime Paris.
Non, elle ne travaille pas à l'office de tourisme.
Elle habite à Belleville.
Elle ne sait pas pourquoi elle aime Paris.
Elle est parisienne, c'est tout.

2 c.

masculin : des parcs magnifiques
féminin : des églises impressionnantes
des places romantiques

Die meisten Adjektive bilden die weibliche Form, indem man an die männliche ein **e** anhängt.

4

oben links: London – Text 3
oben rechts: Avignon – Text 4
unten links: Berlin – Text 2
unten rechts: Amsterdam – Text 1

6 a.

300 : trois-cents	800 : huit-cents
400 : quatre-cents	900 : neuf-cents
600 : six-cents	3000 : trois-mille
700 : sept-cents	

B. Pour aller à la gare… ?

1 a.

1. la pharmacie – la poste
2. la cabine téléphonique
3. la station de taxi – le bar
4. les toilettes – la salle d'attente
5. la poste – la pharmacie – l'office de tourisme

b.

1. à côté de
2. en face de
3. devant
4. à gauche de
5. entre

c.

1. vrai	3. vrai	5. vrai	7. vrai
2. faux	4. faux	6. vrai	8. faux

2

Le crocodile est derrière le café.
Le gorille est devant le café.
Le condor est entre le café et l'hôtel.
Le boa est dans la cabine téléphonique.
L'éléphant est à côté du musée.
La girafe est derrière le supermarché.

4 **a.**
1. une pharmacie
2. un distributeur automatique
3. le musée d'art moderne

6 **a.**

	aller
je	vais
tu	vas
il / elle / on	va
nous	allons
vous	allez
ils / elles	vont

Aller bedeutet *gehen* und *fahren*.

7 **a.**
1. bus – Gare
2. ligne 1 – direct

UNITÉ 4

3
Lösungsvorschlag:
1. Est-ce qu'il y a un bus pour aller de l'aéroport au centre ?
2. Vous êtes d'où ?
   Qu'est-ce que vous faites ?
3. (Très) Bien, merci. / Ça va.
4. Merci. Oui, j'aime (beaucoup) le cidre.
5. Est-ce qu'il y a un distributeur automatique près d'ici ?
6. Désolé, je ne sais pas. Je ne suis pas d'ici.
7. Comment tu t'appelles ? Tu habites où ?
8. Voilà mon numéro de portable.
9. Merci. J'apprends le français.
10. Vous avez un plan de la ville ?
11. À Lorient il y a le Festival Interceltique. Ça vous intéresse ? On va au Festival ensemble ?
12. Est-ce qu'il y a une pharmacie près d'ici ?
13. C'est loin d'ici ? « Locmariaquer », ça s'écrit comment ?
14. Il y a combien de kilomètres entre Vannes et Ploërmel ?
15. La Bretagne, c'est magnifique et c'est très intéressant ! Les gens sont très sympas.

UNITÉ 5

Käse – fromage
Wein – vin
Markt – marché
Fischhandlung – poissonnerie
Süßwarengeschäft – confiserie

A. Et avec ça ?

1 **a.**
le paquet de beurre : 1,50 €
les 3 bouteilles de bière : 3,17 €
les 4 pots de yaourt : 1,29 €
le kilo de farine : 1,24 €
la bouteille de bordeaux : 3,20 €
le paquet de galettes bretonnes : 1,55 €
le roquefort : 3 €

2 **a.**

Flasche – bouteille	*Scheibe* – tranche
Dose – boîte	*Stück* – morceau
Päckchen – paquet	*Becher* – pot

4 **a.**
1. 5 tranches de jambon blanc – un morceau de gruyère
2. des carottes – des pommes – 6 kiwis – des abricots – un melon – des tomates

b.

1. Je voudrais **cinq tranches** de jambon blanc.
   Alors **un morceau** de gruyère.

2. Je voudrais **un kilo** de carottes, s'il vous plaît.
   Deux kilos de pommes et **six** kiwis.
   Alors **un kilo** d'abricots.

c.

Je voudrais un kilo de carottes.
Je **prends** aussi un bon melon.
Un kilo de carottes, **s'il vous plaît.**
Vous avez du gruyère ?

6 a.

du camembert
des kiwis

b.

1. des – de la – du
   Dans la salade de fruits, il n'y a pas de mayonnaise.
2. des – de la – des – de la
   Pour faire des crêpes, on ne prend pas de confiture.
3. des – des – des
   Dans la ratatouille, il n'y a pas de carottes.
4. du – de l' – du
   Pour faire une bouillabaisse, on ne prend pas de jambon.
5. du – du – du – des
   Dans la mousse au chocolat, il n'y a pas de cognac.

8 b.

du jambon – un bon melon – le camembert

B. À quelle heure ?

1 a.

- Où est-ce que tu achètes des cigarettes ?
- ○ Au bureau de tabac.
- Où est-ce que tu achètes de l'aspirine ?
- ○ À la pharmacie.
- Où est-ce que tu achètes un journal allemand ?
- ○ À la librairie.
- Où est-ce que tu achètes des timbres ?
- ○ Au bureau de tabac.
- Où est-ce que tu achètes des cartes postales ?
- ○ Au bureau de tabac. / À la librairie.
- Où est-ce que tu achètes une brosse à dent ?
- ○ À la pharmacie.
- Où est-ce que tu achètes du shampoing ?
- ○ À la pharmacie.
- Où est-ce que tu achètes des roses ?
- ○ Au magasin de fleurs.

b.

Wochentage: dimanche – lundi
Geschäfte: boulangerie – bar-tabac – épicerie – marché – les petits magasins – supermarché

c.

Les boulangeries ouvrent à partir de 6 h 30.
Les épiceries ouvrent vers 8 h.
Les petits magasins ouvrent de 9 h à 12 h 30 et de 14 h à 19 h.
Les supermarchés ferment à 21 h.

2 c.

2 – 4 – 1 – 5 – 3

UNITÉ 6

b.

soupe de poisson – pâté maison
escalope de veau – entrecôte de bœuf
menu du jour – du vin
deux mousses au citron
un café – un café crème

A. C'est très bon !

1 a.

Speisen: une salade du chef – du poulet rôti avec des frites – une tarte Tatin – la soupe de poisson – l'escalope de veau – le pâté – l'entrecôte – le pain – du fromage – la mousse au citron
Getränke: un porto – deux portos – un pastis – le vin (Merlot) – une carafe d'eau – un café – un café crème

2 a.

Je prends le menu du jour.
Pour moi, le pâté.
Une carafe d'eau, **s'il vous plaît**.

b.

	vouloir	pouvoir
je	veux	peux
tu	veux	peux
il / elle / on	veut	peut
nous	voulons	pouvons
vous	voulez	pouvez
ils / elles	veulent	peuvent

c.

1. veux
2. pouvez
3. veux
4. peux
5. veulent
6. veut – peut

4 a.

7 – 8 – 9 – 5 – 6 – 1 – 2 – 4 – 3

b.

un / une autre bedeutet *noch ein/e*
encore un peu de bedeutet *noch etwas*

B. Vous mangez équilibré ?

1 b.

oben links: le cassoulet
oben rechts: les moules
Mitte links: le taboulé
Mitte rechts: les profiteroles
unten links: la bouillabaisse
unten rechts: le bœuf bourguignon

c.

la salade niçoise – la côte de porc grillée avec du riz basmati – le taboulé – le poulet provençal

3 c.

Les travailleurs de Peugeot Citroën mangent par tradition de la charcuterie et des pommes de terre.
Peugeot Citroën veut changer les habitudes alimentaires au travail pour avoir des employés efficaces et en bonne santé.
La diététicienne vient dans l'entreprise et donne des conseils aux employés.
Les résultats sont : 4 kilos perdus en moyenne, 7 dans le cas de Jacqueline Rochée et 15 dans le cas de Bernard d'Amy.

4

	boire	manger
je	bois	mange
tu	bois	manges
il / elle / on	boit	mange
nous	buvons	mangeons
vous	buvez	mangez
ils / elles	boivent	mangent

5 a.

1. Un café.
   De la confiture.
   Un morceau de baguette.
2. Au restaurant.
3. Du vin.
4. Après 20 h.
5. Jamais.
6. Le dimanche, comme dessert.

UNITÉ 7

a.
hommes : costume (m) – chemise (f) – cravate en soie (f)
femmes : sac en cuir (m) – veste à carreaux (f) – foulard en soie (m) – jupe (f) – t-shirt (m) – robe (f) – chemisier (m)
les deux : lunettes de soleil (f) – chaussures (f) – pull (m) – anorak (m) – pantalon (m)

A. Ça te va bien !

5 a.
La dame cherche une jupe.
Elle la veut en bleu.
Elle la veut à la mode.
La jupe est trop petite.
Elle prend la minijupe.

b.
modèle – élégant – bleu marine – classique – moderne – beige – cabines – court – caisse

c.
Comment tu trouves **cette** jupe ?
Je **la** trouve pas mal.

6 b.

1. ces	3. ces	5. cet
2. cette	4. cette	6. ce

2 – 3 – 1 – 6 – 4 – 5

8 a.
Verkäufer/in:
En quelle taille ?
Je peux vous aider ?
Quelle est votre pointure ?
De quelle couleur ?

Kunde / Kundin:
Je peux l'essayer ?
Vous l'avez aussi en 38 / 40 / 42 ?
Vous l'avez dans une autre couleur ?
Je voudrais seulement regarder.
Je voudrais échanger ce pullover.
Je peux payer avec la Mastercard ?

B. Achats malins

1 b.
ça **te** plaît
ça **vous** plaît

4 a.
1. Pour des produits frais : au marché. Il y a d'excellents fruits et légumes.
2. Au marché ou dans les petits magasins du quartier.
3. Au centre commercial parce que c'est pratique : c'est ouvert même le soir et le dimanche matin et on y trouve tout.
4. Sur Internet parce que ça va vite et qu'on peut comparer les prix.

b.
Um der Aussage eines anderen zuzustimmen, reagiert man mit „Moi aussi.", um zu sagen, dass man anderer Meinung ist, mit „Moi non.".
Ist der Satz, dem man zustimmen will, verneint, sagt man „Moi non plus.", will man widersprechen „Moi si.".

5 b.
moins de temps
des prix plus intéressants que
le choix des produits est moins grand
plus vite
moins d'argent que
moins cher que
il y a moins de personnel
il y a moins d'employés que
ils sont moins bien payés
ils ont plus de travail … que
plus flexibles que

UNITÉ 8

1 a.
vol Lufthansa – destination Berlin – porte 27 – embarquement immédiat

b.
Bénédicte – samedi soir – 10 min. à pied – boulevard Victor Hugo – la première rue à droite / la rue de la République – continuer tout droit jusqu'au feu – tourner à gauche – continuer jusqu'à la deuxième rue à droite : rue Lamartine, 47 – premier étage

2
Lösungsvorschlag:
1. J'achète… / Je prends…
2. Bonjour, je voudrais acheter un journal allemand. Il y a un bureau de tabac près d'ici ?
3. Bonjour, je voudrais essayer ce pantalon.
   Zut, il est trop petit / trop grand / …
4. Pourquoi pas ? / Très bien. / Non, merci.
5. Il est…
6. Dans le bœuf bourguignon, il y a du bœuf, des carottes, des oignons, du persil et du vin rouge.
7. Excusez-moi, le poulet est froid et trop salé.
8. Bonjour, je voudrais…
9. En Allemagne / En Suisse / En Autriche / Aux Pays-Bas, au petit déjeuner, on boit / mange souvent…
   À midi, beaucoup de gens mangent à la maison / à la cantine / au restaurant…
   Le soir, on mange vers … heures. En général, on (ne) fait (pas) la cuisine…
10. Oui, merci. Je cherche … / Non, merci, je voudrais seulement regarder.
11. Combien coûte une bouteille de Pouilly Fumé 1999 ?
12. J'apporte du jambon / du pain / du beurre / du fromage / du poulet froid / des œufs durs / un melon / des tomates…
13. Je porte…
14. À quelle heure ouvre la cathédrale Saint-Étienne ?
15. Vous pouvez visiter les « Halles » de Dijon, les « Hospices » de Beaune, la cathédrale de Chalon-sur-Saône, les restes de la fameuse Abbaye de Cluny, la cathédrale Saint-Lazare à Autun, le Parc naturel régional du Morvan, le Musée du Costume à Avallon, la cathédrale Saint-Étienne à Auxerre, l'Abbaye de Fontenay…

UNITÉ 9

A. En Provence

1 a.
janvier – février – mars – avril – mai – juin – juillet – août – septembre – octobre – novembre – décembre

2 a.
1. *Foto rechts*
2. *Foto Mitte*
3. *Foto links*

b.
faire du sport – profiter de la nature – partir à l'aventure – faire un voyage organisé rencontrer des gens – découvrir une autre culture – faire du camping – visiter des monuments – avoir du temps pour la famille – aller à la plage – aller à la montagne

3 a.
le Palais des Papes – le Pont Saint-Bénézet (le Pont d'Avignon) – les Arènes – le Théâtre Antique

b.

1. vrai	3. faux	5. vrai	7. vrai
2. faux	4. vrai	6. faux	8. vrai

c.

boire :	bu
faire :	fait
vouloir :	voulu

4 a.

1. sont partis
2. ont fait / visité
3. est monté
4. est resté
5. ont pris
6. sont restés / ont passé
7. sont allés
8. ont loué

5 a.

5 – 1 – 3 – 6 – 4 – 2

b.

Lösungsvorschlag:

Chère Leslie,
Nous sommes rentrés hier et je voudrais te raconter notre voyage en Provence :
Nous sommes partis lundi en TGV et nous sommes arrivés à Avignon vers midi.
D'abord, nous avons visité le Palais des Papes et le Pont Saint-Bénézet. Nous avons dîné dans un restaurant chic et cher ! Nous avons dormi et pris notre petit-déjeuner à l'hôtel « Avignon-Provence ».
Le deuxième jour nous avons visité la vieille ville d'Avignon et le musée Calvet.
Le troisième jour, nous sommes partis pour Arles. Nous avons visité les Arènes. Nous avons pris l'apéritif au café « La nuit » puis nous avons loué une voiture pour le lendemain. Le soir nous avons vu un spectacle magnifique dans les Arènes.
Le quatrième jour, nous avons fait la Camargue en voiture, puis nous avons fait une promenade à cheval. Nous avons dîné et nous avons passé la nuit chez des amis à Port-Camargue.
Le lendemain nous sommes partis pour Aix-en-Provence. Nous avons déjeuné dans un restaurant sur le Cours Mirabeau.
L'après-midi, nous avons fait du shopping puis nous avons visité la Maison Cézanne.
Le lendemain nous avons fait une excursion au Mont Ventoux.
Dimanche nous sommes rentrés à Paris.
Bises et à bientôt
Sophie

7 a.

1. En vacances. – Il fait beau. / Il fait soleil. Il y a du vent.
2. À la maison. – Il pleut.
3. À la maison. / En voyage d'affaires. – Il ne fait pas trop beau, il y a des nuages, mais il ne fait pas froid.
4. À la maison, avant de partir en vacances. – Soleil sur toute la Méditerranée, des températures entre 21 et 23 degrés.

B. Projets de vacances

1 b.

Lösungsvorschlag:

Mesdames, Messieurs,
Je voudrais réserver une chambre pour deux personnes du 10 au 16 juillet avec salle de bains et, si possible, vue sur jardin.
Je voudrais aussi avoir des informations sur votre hôtel et la ville.
Est-ce que l'hôtel dispose d'un parking ?
Est-ce que vous acceptez les chiens ?
Est-ce que vous proposez des visites guidées de la ville et des excursions en Camargue ?
Est-ce que vous acceptez les cartes bancaires ?
Merci de votre réponse rapide.
Cordiales salutations
Laura Birke

2 a.
1 – 3 – 4 – 6 – 7

b.
Vous pouvez nous réserver une chambre ?
Vous pouvez nous recommander un hôtel ?
Vous pouvez nous réserver un vol ?
Vous pouvez nous donner un prospectus ?
Nous voulons partir en voyage organisé.
Nous voulons partir du 11 au 25 mai.
Combien coûte le billet aller-retour ?
Combien coûte la chambre double ?
Est-ce qu'il y a des offres promotionnelles ?
Est-ce qu'il y a des vols directs ?
On voudrait un hôtel avec demi-pension.
On voudrait faire des excursions.

UNITÉ 10

Alessandro est italien.
Isabelle est belge.
Lars est danois.
Soledad est espagnole.
Tobias est allemand.
Wendy est anglaise.
William est anglais.
Xavier est français.

A. En famille

1 b.
Großvater: grand-père
Vater: père
Ehemann: mari
Sohn: fils
Enkel: petit-fils

Großmutter: grand-mère
Mutter: mère
Ehefrau: femme
Tochter: fille
Enkelin: petite-fille

Bruder: frère
Onkel: oncle
Neffe: neveu
Cousin: cousin

Schwester: sœur
Tante: tante
Nichte: nièce
Cousine: cousine

2
masculin : son fils
féminin : sa fille
pluriel : mes parents – ses parents

5 c.
Paragraphe 1 : On se pacse ?
Paragraphe 2 : Maman et papa se marient.
Paragraphe 3 : Plutôt un bon divorce qu'un mauvais mariage.
Paragraphe 4 : Vive la famille !

B. Entre amis

1 a.
physique : les cheveux très courts – la peau bronzée – cheveux longs et bruns – blonde – cheveux bruns
caractère : un peu timide – très gentille – sportive – elle a bon caractère – très dynamique – toujours de bonne humeur – intelligent – sociable – sympa

b.

1. vrai	3. faux	5. faux	7. faux
2. vrai	4. vrai	6. faux	8. faux

c.

Il/Elle est	Il/Elle porte	Il/Elle a
blond/e timide	une barbe	les cheveux longs les cheveux bruns la peau bronzée

3 a.

C'est Mette. Elle est suédoise.
C'est Oliver. Il est suisse.
C'est Elisa. Elle est italienne.
C'est Alexandre. Il est français.

b.

holland**ais/e**
dan**ois/e**
autrich**ien/ne**

4 a.

Si vous cherchez de la compagnie pour voyager :
- Si tu veux aller au Maroc…
- Cherche jeunes…
- Lui, 52 ans, …

Si vous cherchez des gens pour partager des loisirs :
- Mère célibataire avec fille…
- Nous sommes un groupe…
- Salut !

Si vous voulez parler français avec un francophone :
- Je suis étudiant à la Sorbonne…

Si vous voulez faire du sport :
- Cherche personne pour faire du footing…

5 a.

1. *Foto unten links. Sie reagiert mit Bedauern.*
2. *Foto oben rechts. Sie reagiert mit Freude.*
3. *Foto oben links. Sie reagiert mit Bedauern.*
4. *Foto unten rechts. Sie reagiert mit Freude.*

b.

1. C'est pas vrai ! – Quel dommage !
2. Dis donc ! – Quelle chance !
3. Vraiment ? – Je suis vraiment désolée !
4. C'est chouette !

UNITÉ 11

A. Sorties

1

1. Aller au théâtre voir le « Misanthrope » à la Comédie Française.
2. Participer à un cours de salsa.
3. Aller au cinéma voir « Les Bronzés ».
4. Fêter le diplôme d'interprète à la « Girafe verte ».
5. Aller à un concert de Julien Clerc au Casino.

2

proposer :
Ça te dit d'aller au théâtre ?
Tu as envie d'aller au cinéma ?
Ça vous intéresse ?

accepter :
Volontiers.
Bien sûr.
Ah, oui !

refuser :
Désolé/e, je ne peux pas.

5 a.

Ils vont aller au Cirque du Soleil à Bruxelles.
Ils vont faire un tour à Bruxelles.
Ils vont aller au centre de la BD.
Ils vont admirer les bâtiments art déco.
Ils vont manger des moules frites et ils vont acheter des chocolats.
Ils vont aller voir le théâtre de marionnettes à côté de la Grand-Place.

B. C'est une bonne idée ?

1 b.

On peut encore visiter le Musée d'Art Moderne et Contemporain et la Cathédrale Notre-Dame. On peut aussi faire un tour dans le vieux quartier, la Petite France.

2 a.

1. Les visiteurs peuvent découvrir les vins d'Alsace.
2. Vous savez faire du canoë ?
3. Vous pouvez l'apprendre avec nous.

b.

können (Möglichkeit, Erlaubnis):
pouvez
peux
peut

können, wissen (Fähigkeit) :
sais
sais
savez

4 a.

Tu sais / vous savez jouer d'un instrument ?
Tu peux / vous pouvez aller à pied au travail ?
Tu sais / vous savez où est la gare ?
Tu peux / vous pouvez prendre 6 semaines de vacances ?
Tu sais / vous savez faire des gâteaux ?
Tu sais / vous savez danser la valse ?
Tu sais / vous savez parler espagnol ?
Tu peux / vous pouvez expliquer les règles du rugby ?
Tu sais / vous savez / Tu peux / vous pouvez envoyer un SMS ?
Tu peux / vous pouvez me recommander un médecin ?

UNITÉ 12

3

1. Je voudrais réserver une chambre.
2. Avec plaisir, merci.
3. Bonjour, je voudrais louer un équipement de golf.
4. J'aime beaucoup …
5. Quel temps est-ce qu'il va faire ?
6. Je voudrais des renseignements / des informations sur « l'Habitation Clément ».
7. C'est pas vrai ! / C'est pas possible ! / J'y crois pas ! / Dis donc ! / C'est incroyable !
8. Bonjour, je voudrais réserver une table pour 4 personnes à 20 h 30.
9. Est-ce qu'il a eu des enfants ?
   Qu'est-ce qu'il a écrit ?
   Est-ce qu'il est toujours en vie ?
10. Je suis grand / petit, j'ai les cheveux bruns / blonds / roux. Je porte…
11. Non, merci
12. Cherche compagnie pour visiter le canal de Beauregard. C'est une ancienne conduite d'eau, construite par des esclaves. Ça vous intéresse ?
    Merci d'appeler…
13. On se retrouve vers 11 h dans le foyer de l'hôtel et on y va ensemble ?
14. J'ai bien aimé…

UNITÉ 1

A. Un, deux, trois…

1 a.

chocolat	champagne	orange
camembert	croissant	restaurant
Normandie	Bretagne	Provence

b.
Lösungsvorschlag:
Essen: la mousse au chocolat, le chocolat, les crêpes, les champignons
Kultur: la culture, le Louvre, les chansons, les fêtes
Sport: le tennis, le football, le golf
Stadt: le restaurant, l'université, la boutique, les boulevards, le métro

2

1. six croissants
2. trois camemberts
3. quatre rendez-vous
4. cinq oranges
5. deux cafés
6. la chanson numéro neuf
7. huit restaurants
8. dix minutes

3 a.

1. un éléphant : quatre
2. un boa : zéro
3. trois gorilles : six
4. deux crocodiles et un condor : dix
5. deux girafes : huit

b.
quatre
deux – cinq – sept – huit – neuf
six et dix

4

le : restaurant – métro – rendez-vous
la : boutique – chanson – musique – mousse au chocolat
l' : hôtel – orange – avenue
les : boulevards – musées

5

rest**au**rant, **Au**vergne … klingt wie **o**
café, **c**liché … klingt wie **k**
chocolat, **ch**arme … klingt wie **sch**
Europe, d**eu**x … klingt wie **ö**
oran**g**e, **j**udo … klingt wie **j** in Journalist
champi**gn**on, co**gn**ac … klingt wie **nj**
h wird nicht ausgesprochen
sept, **c**inq … klingt wie **s**
mu**s**ée, **z**éro … klingt wie **z**

B. Bonjour et au revoir !

6

Bonjour – Salut – Bonsoir – À bientôt – Au revoir

7

Lösungsvorschlag:
Les Champs-Elysées sont à Paris.
Nous sommes les copines de Vanessa. / Julie et Bernard Duroc. / à Paris.
Le Louvre est un musée fantastique. / à Paris.
Je suis André Dupontel. Enchanté. / Christian, le cousin de Bruno. / à Paris.
Vous êtes monsieur Leblanc ? / madame Huet ?
Tu es Christian, le cousin de Bruno / à Paris.
Olivia et Sylvie sont les copines de Vanessa. / à Paris.

8

1. Tu – moi – toi – tu
2. vous – vous
3. Vous

9

1. Oui, c'est moi.
2. Très bien, merci. Et vous ?
3. Ça va. Et toi ?

10

1. es – suis
2. êtes – sommes
3. sont – est – est
4. est – est

11

Waagerecht: Bruxelles – Bâle – Hambourg – Genève – Cologne – Montréal

Senkrecht: Fribourg – Liège – Vienne

12

1. Vous – Nous
2. ils
3. il – Elle

13

1. b – 2. c – 3. f – 4. e – 5. a – 6. d

14

1. Bourgogne
2. Méditerranée
3. Bordeaux
4. Côte d'Azur
5. Provence
6. Océan Atlantique
7. Île-de-France
8. Bayonne
9. Ajaccio
10. Champagne

15

München: Munich – *Köln:* Cologne – *Genf:* Genève – *Mainz:* Mayence – *Brüssel:* Bruxelles – *Wien:* Vienne – *Lüttich:* Liège – *Freiburg:* Fribourg – *Luzern:* Lucerne – *Aachen:* Aix-la-Chapelle – *Hamburg:* Hambourg – *Basel:* Bâle

16

1. Comment ça s'écrit ?
2. *um 11 Uhr:* Bonjour.
   um 19 Uhr: Bonsoir.
3. Comment tu t'appelles ? – Comment vous vous appelez ?
   Tu es d'où ? – Vous êtes d'où ?
   Comment ça va ? / Ça va ? – Comment allez-vous ?

17

La banque : l'euro – le chèque – le crédit – les devises – les clients
Le bureau : le fax – la photocopieuse – le téléphone – l'organisation
La présentation : l'exposé – le public – le diagramme – la carte de visite
Le personnel : le directeur général – la secrétaire – le chef du personnel

18

Lösungsvorschlag:

1. ● Bonjour, je suis Marianne Lambert.
   ○ Enchantée. Je suis Hélène Musset.
2. ● Bonjour, monsieur. Vous êtes monsieur Pommier ?
   ○ Oui, c'est moi.
   ● Enchanté. Je suis Gilles Dupont.

19 **b.**

monsieur	neuf	voyage
culture	musique	rendez-vous

21

1. rendez-vous
2. cinq
3. Gustave
4. Christine
5. mousse
6. zéro

22

Commen**t‿a**llez-vous ?
Vou**s‿ê**tes de Lausanne ?
Avec deu**x‿l**.

UNITÉ 2

A. Vous habitez où ?

1

professeur – étudiant – cuisinier
coiffeur – secrétaire – architecte

2

je / j'	tu	il / elle
suis	parles	visite
visite	aimes	habite
habite	es	est
parle	restes	parle

nous	vous	ils / elles
habitons	êtes	sont
aimons	aimez	parlent
travaillons	visitez	restent
sommes	restez	continuent

3

1. êtes – habitons – sommes
2. est – habite – travaille
3. sont – visitent – restent
4. parles – suis – parle
5. aimez – est

4 a.

- ● Salut, je m'appelle Sarah. Et toi ?
- ○ Moi, c'est Mireille. Je suis la cousine de Marius.
- ● Ah, tu n'es pas de Marseille, hein ?
- ○ Non, je suis de Rouen. Mais je reste dix jours ici. Demain on visite Cannes, ça t'intéresse ?
- ● Ah, oui ! Cannes, c'est super. Et demain je ne travaille pas.

5

1. Carine n'est pas technicienne, elle est professeur de français.
2. Léon ne parle pas français, il parle anglais.
3. Barbara et Paul ne visitent pas le Louvre, ils visitent le musée Picasso.
4. Sandra n'aime pas Edith Piaf, elle aime Céline Dion.
5. Cédric n'est pas coiffeur, il est cuisinier. Il ne travaille pas à Liège, il travaille à Paris.
6. Jeanine n'habite pas à Toulouse, elle habite à Bruxelles.

6

1. … – vingt – vingt-cinq – trente
2. … – trente-six – quarante-cinq – cinquante-quatre
3. … – seize – trente-deux – soixante-quatre
4. … – soixante-et-un – soixante-et-onze – quatre-vingt-un

7

1. 03.92.73.27.75
2. 06.21.42.57.97
3. 04.68.54.88.70

8

1. Où habitez-vous ?
2. Vous êtes étudiants ? / Tu es étudiant ?
3. Quelle est ton adresse e-mail ? / Quelle est votre adresse e-mail ?
4. Quel est ton numéro de téléphone ? / Quel est votre numéro de téléphone ?

B. Quelle est votre profession ?

9

professeur – cuisinier – pilote – secrétaire – infirmière – architecte – technicien – étudiante – dentiste

Lösungswort:
Christian est à la retraite.

10

1. Véronique Garnier – secrétaire – Toulouse
2. Pierre Palais – coiffeur – Nantes
3. Denise Steinwald – professeur d'allemand – Metz
4. Frédéric Berger – cuisinier – Miomo

12

faire		avoir	
je	fais	j'	ai
tu	fais	tu	as
il / elle	fait	il / elle	a
nous	faisons	nous	avons
vous	faites	vous	avez
ils / elles	font	ils / elles	ont

13

1. sont - habitent - ont
2. travaille - a - est
3. travaille - est - parle - aime - fait

14

1. c – 2. e – 3. d – 4. a – 5. b

15

1. Christelle est cuisinière dans un hôtel à Bruxelles.
2. Nicolas travaille dans une banque à Zurich.
3. Albert et Marie-Laure travaillent chez « Peugeot » à Bordeaux.
4. Brigitte et Caroline font un cours d'informatique.
5. Jeanne est secrétaire dans une agence de voyages.

16

1. Oui, j'ai des amis à Reims.
2. Oui, un moment… voilà mon numéro.
3. Non, je parle italien et anglais.
4. Oui, c'est w.stephanie@yahoo.fr.

17

1. avez
2. avez - avons
3. ai - as
4. a - a

18

tu :
Qu'est-ce que tu fais ?
Tu travailles où ?
Tu es d'où ?
Tu es français ?
Tu parles anglais ?
Tu as des enfants ?
Tu aimes la France ?
Tu as des amis où ?
Tu fais du sport ?

vous :
Qu'est-ce que vous faites ?
Vous travaillez où ?
Vous êtes d'où ?
Vous êtes français ?
Vous parlez français ?
Vous avez des enfants ?
Vous aimez la France ?
Vous avez des amis où ?
Vous faites du sport ?

19

Mögliche Fragen:
Comment vous vous appelez ?
Quelle est votre adresse e-mail ?
Quelle est votre profession ?
Quel est votre numéro de téléphone ?

20

1 – 3 – 4 – 5 – 8 – 9 – 10 – 11

21 **b.**

1. Je sui**s‿a**llemande.
2. Vou**s‿ê**tes de Paris ?
3. Vou**s‿a**vez un portable ?
4. Elle**s‿a**iment la musique.
5. Paul n'est pa**s‿e**n vacances. Il es**t‿à** la retraite.
6. Nou**s‿a**vons deu**x‿a**mis e**n‿A**llemagne.
7. Paul es**t‿u**n ami de Jules. Il es**t‿i**ngénieur.
8. Elle es**t‿i**nfirmière. Elle travaille dan**s‿u**n hôpital à Rennes.

22

	1	2	3	4	5	6	7	8
weiches s		x			x	x		x
scharfes s	x		x	x			x	

UNITÉ 3

A. Paris, c'est magnifique !

1

musée

P parking

M station de métro

synagogue

église

2

1. parc
2. touriste
3. entreprise
4. gare
5. village
6. zoo
7. horrible
8. trafic

3

des petites boutiques sympas
une cathédrale magnifique
des restaurants typiques
un musée intéressant

4

1. À … , il y a beaucoup de voitures mais peu de parkings.
2. Il n'y a pas de métro mais un tram.
3. Il y a des bistros et beaucoup de restaurants sympas.
4. Il y a deux théâtres mais pas d'opéra.
5. Il y a une église impressionnante mais peu de monuments intéressants.
6. Il n'y a pas beaucoup de touristes mais un office de tourisme.

5

Lösungsvorschlag:

Il y a un quartier tranquille / sympa / horrible / moderne / moche. – Il y a un petit / grand quartier.
Il y a d'horribles / impressionnants embouteillages.
Il y a une discothèque sympa / moderne / fantastique. – Il y a une petite / grande discothèque.
Il y a un parc romantique / sympa / tranquille / magnifique. – Il y a un petit / grand parc.
Il y a une église magnifique / impressionnante / moderne. – Il y a une petite / grande église.
Il y a un restaurant sympa / tranquille / romantique. – Il y a un grand / petit restaurant.
Il y a un musée intéressant / moderne. –
Il y a un petit / grand musée.
Il y a des monuments modernes / impressionnants / intéressants / horribles / magnifiques / moches. – Il y a des petits / grands monuments.

6

Cher Olivier,
Comment ça va ? Moi, ça va très, très bien ! Nantes est une ville magni**fique**. Il y a des musées intéress**ants** et des monuments fantas**tiques**. L'église Sainte-Croix est impression**nante**, par exemple. Ce sont les grand**es** vacances en France et il y a beaucoup de touristes. Les embouteillages dans les grandes avenues sont horri**bles**, mais les gens sont sympa**s** ici. Il y a des quartiers tranqu**illes** avec des parcs roman**tiques** et des peti**ts** restaurants. Nous habitons dans une jol**ie** maison. Le quartier aussi est jol**i**. Bref, ce sont des vacances tranqu**illes** et agréables.
Bises
Sandrine

7

- Bonjour.
- Bonjour. Je reste deux jours à Beaune. Est-ce qu'il y a beaucoup de monuments ?
- Eh bien, il y a l'église Notre-Dame, l'hôtel-Dieu… mais voilà un plan avec un petit tour de la ville.
- Merci. Est-ce qu'il y a un musée intéressant ?
- Il y a le musée du Vin de Bourgogne. C'est très intéressant.
- Est-ce qu'il y a un restaurant sympa dans le centre ?
- Sur la place de la Madeleine, il y a le « Maxime », un restaurant typique. C'est simple, mais c'est très bon…

8

Mögliche Fragen:
Tu aimes les villages avec peu de touristes ?
Tu aimes les grandes villes ?
Tu aimes le contact avec la nature ?
Tu aimes les restaurants typiques ?
Tu aimes voyager en voiture ?

9

cinq-cent-vingt-sept
huit-cent-seize
mille-soixante
deux-mille-cinq
cinquante-mille-quatre-vingt-onze
quatre millions quatre-cent-neuf

B. Pour aller à la gare… ?

10

1. Le musée est **à gauche de** la poste.
2. La station de métro est **en face de** l'office de tourisme.
3. Il y a des toilettes **dans** le supermarché.
4. La poste est **entre** l'hôtel et le musée.
5. La pharmacie est **en face du** musée.
6. Le bar est **à droite de** la station de taxis.

11

1. d) Elle est à droite **du** musée.
2. a) Elles sont à côté **de la** sortie.
3. e) Non, mais il y a un téléphone **dans** le bar.
4. f) Il est en face **de la** gare.
5. b) Oui, regardez là, à gauche **du** bar.
6. c) Non, elle est à côté **de la** gare.

12

1. b) – 2. a) – 3. d)
4. c) C'est la deuxième rue à gauche.
5. e) Vous tournez à droite.

13

Lösungsvorschlag:
1. vais – en voiture (*fahren*)
2. allons – à vélo (*mit dem Fahrrad fahren*)
3. vas – en bus (*fahren*)
4. vont – en avion (*fliegen*)
5. allez – en train ou en voiture (*fahren*)
6. aller – à pied (*zu Fuß gehen*)

14

1 – 4 – 6 – 7

15

aller
prendre – changer
prendre
descendre

16

1. Il y a une banque près d'ici ?
2. Il y a un bus pour aller à la cathédrale ?
3. C'est loin pour aller de la gare au musée ?
4. Est-ce que le bus numéro 15 va au centre ?
5. Est-ce qu'il faut changer à la station Bastille pour aller à la Place des Vosges ?

17

Pour aller **de la** Gare du Nord **à la** cathédrale il faut prendre **le métro**.
Pour aller **du** Musée Rodin **au** cinéma il faut prendre **le bus**.
Pour aller **de l'**opéra **à l'**université il faut prendre **le métro**.
Pour aller **du** théâtre **aux** Champs-Élysées il faut prendre **le métro**.
Pour aller **de l'**église **au** supermarché il faut prendre **le bus**.
Pour aller **de la** pharmacie **à la** cathédrale il faut prendre **le bus**.
Pour aller **de** Paris **à** Lyon il faut prendre **le train**.
Pour aller **de** Paris **à** Montréal, il faut prendre **l'avion**.

18

Parking de la Place de la Perspective

19 **a.**

aéroport – L'Arc de Tr**io**mphe – th**éâ**tre – Ly**o**n

b.

1. **aut**or**ou**te – b**eau**c**ou**p
2. Musée d'Ors**ay** – **ai**mer
3. **Eu**rope – p**eu**t-être
4. L**yo**n – L'Arc de Tr**io**mphe

20

première	aller
derrière université populaire secrétaire Pierre	attendez à côté musée désolé à pied

métro	merci	sympa
à bientôt	joli	tu vas
château	petit	cinéma
numéro	Paris	pas
resto	pharmacie	voilà
vélo	sortie	il va

21

café – wagon – baguette – portrait – genre – poster – tarif

UNITÉ 4

1

Eine Kettenübung.
Ordnen Sie.
Kreuzen Sie an.
Unterstreichen Sie die Wörter.
Zu zweit.
Vervollständigen Sie die Sätze.
Beantworten Sie die Fragen.
Sehen Sie sich die Fotos an.
Suchen Sie im Text…
Lesen Sie den Text.
Vergleichen Sie Ihre Ergebnisse.
Stellen Sie Ihre Ergebnisse vor.
Bilden Sie Sätze.
Fragen Sie ihre Nachbarn…
Hören Sie zu und sprechen Sie nach.

2

1. moi
2. visitons
3. intéressante
4. de
5. du
6. fait
7. cuisinière
8. ont
9. va
10. et

3

1. Toulon.
2. 560.
3. Je suis ingénieur.
4. C'est le 03 10 23 73 17.

4

1. Pardon, il y a une pharmacie près d'ici ?
   c) Oui, dans la première rue à droite.
2. Tu vas au cours de français en voiture ?
   d) Non, à vélo.
3. Quel est votre numéro de portable ?
   b) Désolé, je n'ai pas de portable.

5

1. Festival international de musique et cinéma
   La 6ème édition du Festival Musique et Cinéma se tiendra à Auxerre…
2. La Fête du vin à Bordeaux
   Venez passer le week-end à Bordeaux…
4. Benabar en concert à Paris
   Avec son 3ème album « Reprise des Négociations » Benabar s'installe…

UNITÉ 5

A. Et avec ça ?

1

1. des croissants et des baguettes : à la boulangerie
2. des oranges et des tomates : sur le marché
3. des sardines fraîches : à la poissonnerie
4. des bonbons et des chocolats : à la confiserie
5. des médicaments : à la pharmacie
6. des saucissons : à la charcuterie

2

1. **bouteille** : eau – lait – huile – vin – bière
2. **boîte** : sardines – chocolats
3. **pot** : crème fraîche – yaourt
4. **paquet** : galettes – farine – café

3

1. tranche
2. yaourt
3. café
4. bar
5. jambon
6. baguette

4

une bouteille d'huile
une boîte de sardines
un litre de lait
un paquet de galettes
250 g de beurre
un morceau de fromage
un pot de crème fraîche
500 g de champignons
un kilo d'oranges
4 tranches de jambon

5

für 2 Personen:
125 g de chocolat – 75 g de beurre – 30 g de sucre – 15 biscuits à la cuillère – 2 œufs – ½ tasse de café noir – 125 g de crème fraîche

für 8 Personen:
500 g de chocolat – 300 g de beurre – 120 g de sucre – 60 biscuits à la cuillère – 8 œufs – 2 tasses de café noir – 500 g de crème fraîche

6

Mögliche Sätze:
Je prends un kilo de tomates. / un bon melon et des clémentines.
J'aime le vin blanc. / la crème caramel.
Tu prends des fruits pour le dessert ?
Julie aime beaucoup les sardines et les olives. / la crème caramel.
On prend des fruits pour le dessert ?
On a encore du café à la maison ? / une bouteille de bordeaux.
Nous prenons un kilo de tomates.
Nous avons encore du café à la maison ?
Nous aimons le vin blanc.
Vous prenez des fruits pour le dessert ?

Léna et Paul prennent un kilo de tomates. / un bon melon et des clémentines.
Léna et Paul aiment beaucoup les sardines et les olives.

7

- Bonjour, madame. Vous désirez ?
- ○ Je voudrais 4 tranches de jambon des Ardennes s'il vous plaît.
- Désolé, je n'ai pas de jambon des Ardennes aujourd'hui. Mais j'ai du jambon de Parme et du jambon de Paris, madame.
- ○ Le jambon de Parme, c'est combien ?
- Pas cher : 20 € le kilo.
- ○ Alors je prends 500 g de jambon.
- Et avec ça ?
- ○ 200 g de salami. C'est tout. Ça fait combien ?
- Ça fait 8,50 €, s'il vous plaît.

8 **a.**

1. Il faut **des** œufs, **du** lait, **de l'**eau minérale, **de la** farine.
2. Ils prennent **du** café, **du** vin, **de la** bière, **des** croissants.
3. Sur la liste, il y a **du** chocolat, **de l'**huile, **de la** confiture, **des** tomates.

b.

1. une recette à la radio
2. trois personnes dans un bar
3. deux personnes parlent d'une liste de courses

10

Estelle : Alors, toi, tu vas au supermarché et moi, je vais à l'épicerie à vélo, ça va ?
Pierre : D'accord. Alors je fais la liste pour le supermarché…**De l'**eau minérale, **de la** bière…
Estelle : De la bière ?
Pierre : Oui, Marius aime **la** bière et on n'a pas **de** bière à la maison.
Estelle : Ah oui, c'est vrai. Alors moi, j'achète **du** vin.
Pierre : À vélo avec **des** bouteilles de vin ?! Écoute, on va à l'épicerie ensemble en voiture !
Estelle : D'accord !
Pierre : Okay, puis **du** lait, **du** café, **des** œufs…combien **d'**œufs ?
Estelle : Six ? On ne mange pas beaucoup **d'**œufs, hein ?
Pierre : Et puis **du** beurre, **de la** confiture… On a encore **du** fromage ?
Estelle : Euh non, mais on achète le fromage à l'épicerie. Et en plus **des** légumes, **des** fruits et un peu **de** jambon à la charcuterie…
Pierre : Alors c'est tout pour le supermarché ?
Estelle : Oui, c est tout.

11

- Bonjour. Je voudrais un kilo de tomates, s'il vous plaît.
- ○ Voilà. Et avec ça ?
- C'est combien, les clémentines ?
- ○ 3,50 € le kilo, madame.
- C'est un peu cher. Je prends cinq bananes.
- ○ Voilà.
- Ils sont bons, les ananas ?
- ○ Ils sont très bons, madame.
- Alors, (je prends) deux ananas. C'est tout. Ça fait combien ?
- ○ Ça fait 10,60 €.

B. À quelle heure ?

12

Lösungsvorschlag:
bar-tabac : des cigarettes et des cartes postales
pharmacie : de l'aspirine et du shampoing
boucherie-charcuterie : du jambon et du salami
poissonnerie : des sardines et du saumon

boulangerie : une baguette et des croissants
marché : des tomates et des oranges
supermarché : du lait et du beurre

13

droguerie :
de la crème pour le visage – du papier-toilette – du gel douche

librairie-papeterie :
un roman d'amour – un programme de télévision – un plan de Paris – une carte postale

épicerie :
des bonbons au caramel – de la liqueur – des aubergines

14

cigarettes – aspirine – shampoing – cornichons – journal – biscottes

Lösungswort: timbre

16

ouvrent : ouvrir	cherchez : chercher
achète : acheter	vas : aller
êtes : être	ont : avoir
faites : faire	prennent : prendre

17

01:25 : Il est une heure vingt-cinq.
15:45 : Il est quatre heures moins le quart.
15:30 : Il est trois heures et demie.
09:35 : Il est dix heures moins vingt-cinq.
00:50 : Il est une heure moins dix.

18

Quelle heure est-il ?
À quelle heure ouvre la banque ?
À quelle heure ferme la poste ?

19

Du lundi au vendredi : de neuf heures à midi et de deux heures à huit heures.
Le samedi : de neuf heures à midi et demi.

20

- ● Bonjour, monsieur, Un morceau d'Emmental, s'il vous plaît.
- ○ Oui, comme ça ?
- ● Très bien.
- ○ Et avec ça ?
- ● Je **prends** aussi un kilo de pommes.
- ○ Vous **êtes** en vacances ?
- ● Oui, on **reste** deux semaines ici. Nous **visitons** la région.
- ○ Ah, c'est bien.
- ● Oui, nous **aimons** beaucoup la Bretagne et les enfants **aiment** la mer. C'est magnifique ici. Excusez-moi, vous **avez** l'heure ?
- ○ Il **est** midi moins le quart.
- ● Déjà ! Allez, ça **fait** combien ?
- ○ 5,46 €.
- ● Voilà.
- ○ Bonnes vacances.
- ● Merci, monsieur. Au revoir.

21

1. mardi – mercredi
2. lundi – mardi – jeudi
3. dimanche
4. mercredi – vendredi – dimanche

22

9 h 15 :	rendez-vous M. Faure Alcatel
10 h 15 :	présentation catalogue
11 h :	rendez-vous chef du personnel M. Outant
12 h 30 :	restaurant entreprise Ducruet et responsables allemands
15 h 30 :	golf
17 h 32 :	train Amsterdam

UNITÉ 6

A. C'est très bon !

1

Entrées : salade de gambas pâté de saumon soupe aux légumes fricassée de champignons
Viandes et poissons : filet de bœuf entrecôte grillée tartare de bœuf côte d'agneau escalope de saumon
Desserts : crème brûlée sorbet à l'orange tarte au citron assiette de fruits frais nougat glacé
Boissons : jus d'ananas café bière jus de pommes eau minérale vin blanc infusion

2

1. Tu veux encore un peu de vin rouge ? (*Gäste*)
2. Je vous apporte la carte. (*Kellner*)
3. Tu peux me passer le pain, s'il te plaît ? (*Gäste*)
4. Vous pouvez nous apporter l'addition ? (*Gäste*)
5. Vous désirez un apéritif ? (*Kellner*)
6. Qu'est ce-que vous avez au menu du jour ? (*Gäste*)
7. Pardon monsieur, la tarte Tatin, qu'est-ce que c'est ? (*Gäste*)

3

1. voulons
2. peux
3. veux
4. voulez
5. veux – peux
6. pouvez
7. peuvent

4

● Vous avez choisi ?
○ Moi, je prends le pâté de saumon.
■ Et pour moi, la soupe de poisson.
● Très bien. Et comme plat principal ?
○ Le poulet rôti avec des frites, s'il vous plaît.
■ Et la côte de porc grillée.
● Qu'est-ce que vous prenez comme boissons ?
○ Une bière.
■ Et moi, je prends un Orangina.
● Vous désirez du fromage ou un dessert ?
○ Pour moi, une tarte Tatin.
■ Et une crème caramel, s'il vous plaît.
● Des cafés, messieurs dames ?
○ Oui, un café avec un peu de lait.
■ Pour moi aussi, un café et l'addition, s'il vous plaît.

5

Entrées :
une salade niçoise – le pâté maison
Viandes et poissons :
une escalope de veau – avec des frites – le saumon grillé avec du riz
Desserts :
une glace à la vanille et au chocolat – une crêpe Suzette
Boissons :
un quart de vin rouge – une bouteille d'eau minérale – deux cafés

6

Il manque une assiette, deux fourchettes, un couteau, deux verres et une serviette.

7

1. C'est délicieux.
2. La soupe est trop salée.
3. La viande est trop épicée.
4. Le poulet n'est pas assez épicé.
5. Le café est froid.
6. Le dessert est très bon.
7. Vous pouvez nous apporter une autre assiette et une autre cuillère, s'il vous plaît ?
8. Vous pouvez nous apporter une autre carafe d'eau et une bière, s'il vous plaît ?

8

1. La crêpe
   Ce n'est pas bon, la crêpe est froide.
2. Le saumon
   C'est très bon, elle adore le poisson.
3. La mousse au chocolat
   C'est délicieux, dans ce restaurant ils font des desserts excellents.
4. La soupe
   Ce n'est pas très bon, la soupe est fade, elle n'est pas assez salée.

B. Vous mangez équilibré ?

9

1. **b**oeuf
2. fr**o**mages
3. **n**içoise
4. P**a**stis
5. **p**orc
6. **p**oivre
7. ap**é**ritif
8. **t**hé
9. po**i**ssons
10. **T**atin

Zu Beginn einer Mahlzeit wünscht man sich « Bon appétit ! »

10

1. Qu'est-ce que vous avez au menu du jour ?
2. Le tartare de saumon, c'est une entrée ou un plat principal ?
3. Il y a des oignons dans les moules à la provençale ?
4. Qu'est-ce que c'est, le potage du chef ?

11

1. **Où est-ce que** les employés mangent le midi ?
2. **Pourquoi est-ce que** les employés de Peugeot ont des problèmes de poids ?
3. **Combien de** repas **est-ce que** la cantine de Peugeot prépare tous les jours ?
4. **Qu'est-ce que** c'est, un repas équilibré ?
5. **À quelle heure est-ce que** le personnel va manger à la cantine ?
6. **Quand est-ce qu'**on peut manger des fruits frais ?

12

	boire	manger
je	bois	mange
tu	bois	manges
il / elle / on	boit	mange
nous	buvons	mangeons
vous	buvez	mangez
ils / elles	boivent	mangent

	pouvoir	vouloir
je	peux	veux
tu	peux	veux
il / elle / on	peut	veut
nous	pouvons	voulons
vous	pouvez	voulez
ils / elles	peuvent	veulent

13

Leserbrief:

Chère rédaction de Délices de France,
Nous **sommes** abonnés à votre journal depuis un an et nous **adorons** vos articles sur les voyages gourmands en France.
Nous **voyageons** beaucoup pour goûter les spécialités et vins typiques des différentes régions. En septembre nous **voulons** visiter la Gascogne. Est-ce que vous **pouvez** nous envoyer des adresses de restaurants et de magasins spécialisés ou des informations générales sur la cuisine gasconne ?
Merci beaucoup et cordiales salutations,
Pierre Bongoût

Antwortbrief der Redaktion:

Cher Monsieur,
Merci de votre lettre. Si vous **aimez** la gastronomie et les traditions, bienvenue en Gascogne, la région des mille plaisirs culinaires !
Avec la Ronde des Mousquetaires, vous **pouvez** faire un voyage gastronomique chez les chefs de la région : on **visite** les

villes gasconnes et on déguste une cuisine raffinée et créative. De plus, si vous **voulez**, vous **pouvez** visiter la chocolaterie d'un maître pâtissier et une conserverie de foie gras.
En effet, en Gascogne, on **trouve** le foie gras presque partout : on le **mange** en salade, en pâté… Et à la fin d'un excellent repas, on **boit** un petit verre d'Armagnac. Les restaurants de la Ronde des Mousquetaires **ont** une belle carte des vins. Vous **trouvez** la liste de ces restaurants sur le prospectus ci-joint.
Bon voyage et bon appétit !
Cordiales salutations
Corinne Cartier
Délices de France

14

1. Pour – à
2. au – du – de la
3. de – de l'
4. avec

15 **a.**

Restaurant « Les Thermes »

b.

Une table pour demain midi, pour cinq personnes, en terrasse.

UNITÉ 7

A. Ça te va bien.

1

un jean en cuir
une assiette en porcelaine
un t-shirt en coton
un pantalon à rayures
une chemise à carreaux

2

1. préfères – préfère
2. préférez
3. préférons – préfère

3

1. les fraises rouges
2. le citron jaune
3. les œufs blancs
4. la mer bleue
5. un éléphant gris
6. un crocodile vert
7. la crème fraîche blanche
8. les kiwis verts
9. les carottes oranges

4

1. cabines
2. radio
3. carte VISA
4. pastis
5. crêpes
6. médicaments

5

Lösungsvorschlag:

- J'aime bien **ces** chaussures beige**s** / marron / blanc**hes**. Je **les** trouve sympa**s** / pas mal / très joli**es** / très élégant**es.**
- J'aime bien **cette** cravate beige / marron / vert**e** / en soie / blanc**he.** Je **la** trouve très joli**e** / sympa / très élégant**e**.

- Comment tu trouves **ces** chaussures beige**s** / marron / blanc**hes** ?
- ○ Je **les** trouve trop classique**s** / très joli**es** / moche**s** / sympa**s** / trop moderne**s** / pas mal / très élégant**es.**
- Comment tu trouves **cette** cravate beige / marron / vert**e** / en soie / à carreaux / blanc**he** ?
- ○ C'est trop classique / très joli / moche / sympa / trop moderne / pas mal / très élégant.

- Comment tu trouves **cet** anorak beige / marron / vert / à carreaux / blanc ?
- ○ Je **le** trouve sympa / trop moderne / un peu large / pas mal.

- C'est combien, **ce** foulard beige / marron / vert / en soie / à carreaux / blanc ? Je **le** trouve très joli / sympa / très élégant.
- C'est combien, **ce** sac beige / en cuir / marron / vert / à carreaux / blanc ? C'est très joli / sympa / pas mal / très élégant.
- Je peux essayer **ce** pull beige / marron / vert / à carreaux / blanc / en laine ? Je **le** trouve très joli / sympa / pas mal / très élégant.
- Je peux essayer ce jean beige / en cuir / blanc ? Je **le** trouve très joli / sympa.

6

1. Aurélie Lemonier (en tailleur noir)
2. Frédéric Roussau (en costume et cravate)
3. Catherine Leroc (en robe grise mini)
4. Pierre Dupont (en costume, porte des lunettes)

7

Lösungsvorschlag:

Cette jupe à rayures est assez courte, mais elle est jolie.
J'aime bien ce sac marron en cuir, je le trouve très élégant.
Ce tailleur à carreaux est un peu trop large, mais il est joli.
C'est combien, ce pantalon marron en coton ?
Cette robe rose en laine est élégante, mais elle est un peu trop longue.
Ce jean est joli, mais il est trop cher.
Ce pantalon jaune est moche.
Ces chaussures marron sont très élégantes, mais elles sont un peu chères.

8

1. court – long
2. beaucoup – peu
3. chaud – froid
4. devant – derrière
5. ici – là
6. sans – avec
7. moche – joli
8. loin – près
9. petit – grand

9

1. coûtent – trouve – achète – c)
2. prends – d)
3. est – prend – b)
4. préférez – préfère – a)

10

- Bonjour. Je voudrais ces chaussures de sport, là à droite.
- ○ Quelle est votre pointure ?
- Je fais du 43.
- ○ Vous les voulez de quelle couleur ?
- En noir.
- ○ Les voilà.
- Merci. Je peux les essayer ?
- ○ Mais bien sûr. Prenez place ici.
- Zut ! Elles sont trop petites.
- ○ Vous voulez une pointure plus grande ?
- Oui, je veux bien les essayer en 44.
- ○ Elles vous vont en 44 ?
- Oui, très bien. Elles coûtent combien ?
- ○ 89€.
- Je peux payer avec la carte VISA ?
- ○ Bien sûr. La caisse est là-bas.

11

1. Je cherche un foulard en soie.
2. Je voudrais essayer cette veste, s'il vous plaît.
3. Je la préfère en rouge.
4. Je fais du…
5. Le pantalon me va bien.
6. Je voudrais échanger cette robe.
7. Je voudrais seulement regarder.
8. Je peux payer avec la carte Visa ?

B. Achats malins

12

préférer	choisir	changer
préfère	choisis	change
préfères	choisis	changes
préfère	choisit	change
préférons	choisissons	changeons
préférez	choisissez	changez
préfèrent	choisissent	changent

13

1. c) Tu **me** téléphones demain pour le cinéma ?
2. a) Pour son anniversaire je **lui** donne un CD.
3. d) Je peux **leur** donner la recette de ta mère pour le coq au vin ?
4. b) Si vous voulez, je **vous** donne l'adresse d'un beau petit hôtel dans le centre.
5. f) Il faut que je **lui** demande pourquoi.
6. e) Ce n'est pas loin et puis la ville **me** plaît beaucoup.

14

1. me – les
2. me – l'
3. la
4. les – les

15

	1	2	3	4
sont d'accord	x	x		
ne sont pas d'accord			x	x

16

1. La Suisse est **plus** grande **que** la Belgique, mais elle est **moins** grande **que** la France.
2. La langue française est **moins** parlée dans le monde **que** l'anglais, mais elle est **plus** parlée **que** l'allemand.
3. Le chômage en France est **aussi** élevé **qu**'en Allemagne.
4. En général, les voitures françaises coûtent **moins** chères **que** les voitures allemandes.
5. Les vêtements de marque sont **aussi** chers en France **qu**'en Allemagne.

17

Lösungsvorschlag:

Le parfum est plus personnel que les verres et il est moins cher que le sac.
Le plat en céramique est moins cher que les verres et il est plus pratique que le parfum.
Le savon est plus pratique que le CD et il est moins cher que le porte-monnaie.
Le sac est plus joli que le porte-monnaie et il est plus élégant que le plat en céramique.
Les verres sont plus beaux que les serviettes et ils sont plus pratiques que le CD.
Le CD est plus personnel que le savon et il est moins cher que le porte-monnaie.
Les serviettes sont plus belles que le plat en céramique et elles sont moins chères que le parfum.
Les verres sont plus élégants que le CD et ils sont moins chers que le sac.

18

1. nouveaux – c)
2. belle – e)
3. nouvelles – b)
4. Bel – a)
5. beau – f)
6. nouvelle – d)

19 **a.**

New economy: la nouvelle économie
Führungskräfte: les cadres
Outfit: la tenue
mit Ausnahme von: à l'exception de
Trend: la tendance
Dresscode: le code

b.

2. Le nouveau look du vendredi : Moins chic, c'est plus cool

UNITÉ 8

1

1. fait	3. du	5. peux	7. de
2. manger	4. boit	6. bonne	8. m'

2

1.	2.	3.	4.
vrai	faux	vrai	faux

3

1. Je n'aime pas les centres commerciaux.
   c) Moi non plus.
2. Et avec ça ?
   e) C'est tout. Ça fait combien ?
3. Comment voulez-vous l'entrecôte ?
   d) À point.
4. Pardon, vous avez l'heure ?
   b) Il est trois heures et quart.

4

1. a – 2. a – 3. a

UNITÉ 9

A. En Provence

1

Lösungsvorschlag:
Mon amie Jeanette habite **à** Paris / **au** Canada / **aux** Antilles / **en** France / **en** Suisse.
En été, nous allons **à** Vienne / **au** Maroc / **aux** États-Unis / **en** Italie / **en** Espagne.
Depuis deux ans, Frédéric travaille **à** Cologne / **aux** Pays-Bas / **en** Allemagne.
C'est mon premier voyage **à** Rome / **aux** Antilles / **en** Autriche.
Toronto est **au** Canada.
Bâle est **en** Suisse.
Lille est **en** France.

2

printemps : mars – avril – mai
été : juin – juillet – août
automne : septembre – octobre – novembre
hiver : décembre – janvier – février

3

1. avril – juin septembre – novembre
2. février
3. mai – juin – juillet – août

4

je / j'	tu	il / elle / on
pars	pars	finit
dors	dors	dort
achète	peux	achète
peux	préfères	choisit

nous	vous	ils / elles
préférons	dormez	veulent
buvons	partez	partent
finissons	pouvez	dorment
voulons	choisissez	finissent

5

vacances culturelles :
apprendre une langue – visiter des lieux historiques – visiter des musées – aller voir des expositions – lire des livres

vacances sportives :
skier – faire du canoë-kayak – partir à l'aventure dans la jungle – faire du camping – faire des excursions à vélo – nager – danser

vacances relax :
boire un verre au bord de la piscine – profiter du soleil – aller en discothèque – dormir toute la journée – rester sur la plage – faire la sieste

6

1. août
2. hiver
3. Berne
4. aventure
5. saison
6. ski

7

faire – voyager – manger – rencontrer – avoir – louer – prendre – boire – demander – être – pouvoir – vouloir – visiter – acheter – chercher – choisir – aider – payer

8 a.

1. **Tu as bu / Vous avez bu** un café au petit-déjeuner ?
2. Qu'est-ce que **tu as mangé / vous avez mangé** au dîner ?
3. Est-ce que **tu es allé(e) / vous êtes allé(e)** au travail ?
4. Si oui, combien d'heures est-ce que **tu as travaillé / vous avez travaillé ?**
5. Avec qui est-ce que **tu as parlé / vous avez parlé** plus de 10 minutes ?
6. Est-ce que **tu as regardé / vous avez regardé** la télévision ?
7. À quelle heure est-ce que **tu es arrivé(e) / vous êtes arrivé(e)** à la maison le soir ?

9

Mögliche Sätze:
J'ai déjà téléphoné à un ami.
Je suis déjà allé/e chez le coiffeur.
J'ai déjà bu un café.
J'ai déjà pris l'autobus.
J'ai déjà acheté des croissants.
Je suis déjà allé/e au cinéma.
J'ai écouté la radio.
J'ai déjà fait la cuisine.
J'ai déjà chanté sous la douche.
J'ai déjà fait une promenade.
Je suis déjà allé/e au théâtre.
J'ai déjà fait les courses.
J'ai déjà acheté le journal.
Je suis déjà allé/e au supermarché.
J'ai déjà mangé des frites.
J'ai déjà échangé un vêtement.

Je n'ai pas (encore) téléphoné à un ami.
Je ne suis pas (encore) allé/e chez le coiffeur.
Je n'ai pas (encore) bu de café.
Je n'ai pas (encore) pris l'autobus.
Je n'ai pas (encore) acheté de croissants.
Je ne suis pas (encore) allé/e au cinéma.
Je n'ai pas (encore) écouté la radio.
Je n'ai pas (encore) fait la cuisine.
Je n'ai pas (encore) chanté sous la douche.
Je n'ai pas (encore) fait de promenade.
Je ne suis pas (encore) allé/e au théâtre.
Je n'ai pas (encore) fait les courses.
Je n'ai pas (encore) acheté le journal.
Je ne suis pas (encore) allé/e au supermarché.
Je n'ai pas (encore) mangé de frites.
Je n'ai pas (encore) échangé de vêtement.

10

Lösungsvorschlag:
Ce monsieur est allé au lycée jusqu'en 1970.
Il a fait des études en hôtellerie.
Il a travaillé dans un hôtel de 1975 à 1980.
Il a été au chômage pendant 1 an.
Il a habité au Maroc et en Guadeloupe.

Il est resté plusieurs années aux Antilles. Il a trois enfants. Il a voyagé dans le monde entier et il a visité de nombreux pays.

11

1. Combien de jours est-ce que vous **êtes partis** ?
2. Vous **avez pris** l'avion ou le train ?
3. Vous **avez dormi** à l'hôtel ?
4. Vous **avez visité** des musées intéressants ?
5. Est-ce que vous **avez vu** / **visité** la Tour Eiffel ?
6. Vous **avez aimé** la ville ?

12

1. visiter – la visite
2. arriver – l'arrivée
3. dîner – le dîner
4. partir – le départ
5. louer – la location
6. retourner – le retour
7. voyager – le voyage
8. réserver – la réservation

13

Nice : du soleil mais du vent et de la pluie pour le week-end – température : 22 degrés
Metz : des nuages, peu de soleil pour le week-end – température : 17 degrés
Paris : des nuages, un peu de soleil et de la pluie pour le week-end – température : 18 degrés
Saint-Malo : il fait beau ce week-end – température : 19 degrés

14

1. e – 2. a – 3. b – 4. g – 5. d – 6. f – 7. c

B. Projets de vacances

15

Véhicules : Économique
Date de départ : 17 août
Date de retour : 19 août
Agence de départ : Bordeaux
Agence de retour : Aix-en-Provence
Assurance : tous risques
Prix : 223 euros

16

Lösungsvorschlag:
Chers amis,
Nous sommes en Bretagne. Il fait beau : le soleil brille et il fait chaud. Hier nous avons visité Saint-Malo. Nous avons fait une promenade sur la plage et le soir, nous avons mangé dans un très beau restaurant.
À bientôt.

17 **a.**

1. un hôtel avec parking
2. un hôtel avec air conditionné
3. un petit hôtel plein de charme dans une rue calme dans le centre
4. un hôtel avec piscine

b.

1. M. Parmentier : Hôtel le Thurot ou Hôtel Mercure Clémenceau Dijon
2. Les Jeunet : Villages Hôtel ou Hôtel Mercure Clémenceau Dijon
3. Mme Mormont : Hôtel du Stade
4. Mme Jeanfaitro : Hôtel Mercure Clémenceau Dijon

c.

Mögliche Fragen :
C'est loin du centre ?
Il y a un garage ?
Il y a des chambres équipées pour handicapés ?
C'est économique / cher ?

Il y a une piscine / un jardin / Canal + / l'air conditionné / un restaurant ?

18

1. Je veux aller deux semaines à La Réunion.
2. Je voudrais réserver un voyage organisé à Monaco.
2. Je voudrais louer un appartement pour deux semaines.
3. Je voudrais réserver une chambre individuelle avec demi-pension pour dix jours.
4. Il y a l'air conditionné ?
5. Il y a un parking ou un garage ?
6. Je voudrais réserver un vol direct pour Genève.
7. Je voudrais aller à Paris ce week-end et je voudrais prendre le TGV.

19

Lösungsvorschlag:
Chère madame…,
Je voudrais effectuer des réservations par l'intermédiaire de votre agence.
Nous avons besoin de quatre billets d'avion Cologne – Lyon. On doit arriver le 23 juin au soir. Le retour est prévu trois jours plus tard, le 26 dans l'après-midi ou dans la soirée.
Je voudrais aussi réserver quatre chambres individuelles avec demi-pension dans un hôtel près de l'aéroport. Nous voulons un hôtel avec une salle de réunion pour 10 personnes équipée d'un vidéoprojecteur.
Nous voulons organiser une réunion avec nos collègues français les 24 et 25 juin.
Nous aimerions aussi louer une voiture sur place pendant deux jours.
Pouvez-vous nous faire des propositions ?
Merci d'avance de votre réponse.

20 **b.**

* Hambourg
* Hockey
* hollandais/e

UNITÉ 10

A. En famille

1

1. Josette et Alain sont les **parents** de Krystelle.
2. Christine est la **femme** de Guy.
3. Chantal est la **sœur** de Josette.
4. Loïk est le **frère** de Krystelle.
5. Christine est la **mère** de Carine.
6. Krystelle est la **nièce** de Guy.
7. Josette est la **tante** de Carine.
8. Carine est la **cousine** de Krystelle, Loïk et Sébastien.

2

1. C'est ma tante.
2. C'est ma grand-mère.
3. C'est mon cousin.
4. C'est mon oncle.
5. C'est ma nièce.
6. C'est moi.

3

1. ma – mes
2. mon – vos / tes – nos / mes
3. ton / votre – son
4. mon – ton – mon

4

1. trouver un emploi
2. les mineurs
3. le travail est pénible
4. mal payé
5. le travail à la mine
6. un homme violent
7. scandalisé
8. les conditions de vie
9. le mouvement de protestation
10. les dirigeants

5

1. d – 2. f – 3. e – 4. a – 5. c – 6. b

6

- Allô ?
- Salut, c'est Virginie. Tu sais qu'Audrey **a eu** son bébé ?
- Ah, ça y est ! C'est un garçon ou une fille ?
- C'est une fille, Julianne. Hier son mari **a téléphoné**, tout heureux.
- C'est beau, Julianne… Audrey **est** toujours à l'hôpital ?
- Non, toute la petite famille **est rentrée** cet après-midi à la maison…
- Elle **est restée** combien de temps à l'hôpital ?
- Ben, il n'y **a** pas **eu** de complications, alors deux jours seulement.
- Mais Audrey **a** quelqu'un qui l'aide ?
- Oui, oui, son mari **a pris** quelques jours de congé et ses parents sont venus de Nantes le jour même pour voir l'enfant. On lui **fait** une petite visite samedi ? J'**achète / j'ai acheté** un cadeau pour le bébé.
- D'accord.

7

Testez et trouvez le **prénom** de votre enfant.
Albums **photo**
Listes des fêtes de **famille**
Découvrez l'origine, la popularité et l'**histoire** de votre nom…
Créez votre **arbre** généalogique
Découvrez les événements historiques des jours importants de votre vie : naissance, **mariage**, rencontres…
Offrez un **cadeau** original
le journal authentique du **jour** de naissance

8

1. divorcé
2. obligations
3. paresseuse
4. mariage
5. mort

B. Entre amis

9

1. tante, fille, petite-fille, …
2. jeune, grand, mince, …
3. antipathique, gentil, …
4. bruns, longs, blancs, …

10

1. Juliette
2. Laurent
3. Raphaël
4. Clara

11

1. grosse
2. belle / mince / grande
3. petite / grande
4. âgés
5. bronzée
6. blonds / blancs / roux / bruns
7. timides
9. divorcés

12

1. Sur le dessin A, le monsieur au centre porte des lunettes. Sur le dessin B, il ne porte pas de lunettes.
2. Sur le dessin A, la robe de la femme à droite est courte. Sur le dessin B, elle est longue.
3. Sur le dessin A, la femme blonde à droite a les cheveux courts. Sur le dessin B, elle a les cheveux longs.
4. Sur le dessin A, l'homme avec la femme blonde a une chemise à rayures. Sur le dessin B, il a une chemise à carreaux.
5. Sur le dessin A, l'homme avec la femme blonde porte une moustache. Sur le dessin B, il ne porte pas de moustache.
6. Sur le dessin A, l'homme à gauche porte une barbe. Sur le dessin B, il ne porte pas de barbe.

7. Sur le dessin A, la femme à gauche a les cheveux blonds. Sur le dessin B, elle a les cheveux bruns.
8. Sur le dessin A, la femme aux cheveux blonds a des chaussures marron. Sur le dessin B, elles sont noires.
9. Sur le dessin A, l'homme à gauche porte un pantalon clair. Sur le dessin B, son pantalon est noir.
10. Sur le dessin A, le monsieur au centre porte une cravate blanche. Sur le dessin B, il porte une cravate grise.

13

1. suédoise	4. italien
2. anglaise	5. russe
3. autrichienne	6. français

14 **a.**

Langues : espagnol
Look : classique
Caractère : sociable, généreux
Aime la lecture / la télévision
N'aime pas la lecture / la télévision
Sports pratiqués : basket
Sa couleur préférée : vert
Son plat préféré : pizza

15

3 Enchanté.
5 Vraiment ? C'est intéressant.
1 Quelle chance ! Je suis contente pour toi.
2 C'est pas vrai ! Quel dommage !
4 Merci beaucoup. C'est très gentil.
6 C'est dingue ! J'y crois pas !

16

Lösungsvorschag :
Nationalitäten / Sprachen: anglais - suédois - autrichien - allemand - français
Charakter: sérieux - sociable - timide - intelligent - sympa - dynamique
Familienstand / Familiäre Situation: célibataire - marié - divorcé - couple
Verwandtschaft / Familie: neveu - cousin - mari - petit-enfant - femme
Aussehen: gros - brun - bronzé - mince - roux - grand

17

Richard

18 **b.**

Regardez cette sculpture ! Elle est **ma**gnifique !
Cet attentat est un crime **ho**rrible.
Cette histoire de corruption est un **in**croyable !

UNITÉ 11

A. Sorties

1 **a.**

visiter **des** expositions / **des** musées
aller **au** cinéma / **en** discothèque / **au** théâtre / **à l'**opéra / **au** concert / **au** restaurant
jouer **aux** boules / **aux** cartes / **du** piano / **au** tennis
faire **du** sport / **de la** randonnée / **de la** musique / **du** théâtre / **du** shopping
écouter **de la** musique

2

1. Laure fait du yoga presque tous les jours.
2. Régine et André sont fans de randonnée. Ils font de la randonnée assez souvent, presque chaque semaine.
   André lit le journal tous les jours.
3. Aziz fait parfois un match de foot avec ses amis. Il regarde souvent la télé.
4. Catherine ne fait jamais de sport. Isabelle non plus. Mais elle va toujours au travail à vélo.

3 a.

jamais – presque jamais – très peu – peu – parfois – souvent – tous les jours – toujours

4

Lösungsvorschlag:

Merci Jacqueline, mais ce soir je ne peux pas, j'ai un cours d'allemand.

Merci Youssouf, c'est dommage, mais demain soir on fête l'anniversaire de mon frère.

Merci Jean-Luc, volontiers. On se retrouve à quelle heure ?

Merci Claude, avec plaisir. Je cherche justement un chemisier et une jupe.

5

Lösungvorschlag:

Faire du vélo à Paris, ça vous dit ? Lundi 17 avril on peut faire le tour Paris Guinguettes !

Dimanche 22 janvier à 11 h, il y a un concert de musique classique au théâtre du Châtelet. Vous voulez venir avec moi ?

Il y a des visites commentées du Centre Pompidou entre le 1er mars et le 2 avril. Ça vous intéresse ?

6 a.

1. le 7 juin
2. du 15 août au 3 septembre
3. le 2 novembre

b.

La fête Nationale : le 14 juillet
Noël : le 25 décembre
La Saint-Nicolas : le 6 décembre
La Saint-Valentin : le 14 février
La Fête des Rois : le 6 janvier

7

Lösungsvorschlag:

- ● Qu'est-ce que tu fais ce week-end ?
- ○ Je ne sais pas encore.
- ● Tu sais, je vais participer à un cours de cuisine végétarienne samedi. Tu ne veux pas venir avec moi ?
- ○ Ben, je n'aime pas trop cuisiner. / Cuisiner, ce n'est pas mon genre. Tu as envie de sortir après le cours ?
- ● Ça dépend. Le cours finit à six heures…
- ○ On peut aller boire quelque chose ensemble après ?
- ● Bonne idée. On va au « Café 7 sur 7 » ?
- ○ D'accord. Samedi vers huit heures et demie au café ?
- ● Mais si tu veux, je viens te chercher en voiture…
- ○ Volontiers. À samedi !

8

Lösungsvorschlag:

Mercredi après-midi, on va partir en Bourgogne. On a réservé une chambre à l'hôtel La Bonbonnière à Talant. Alors le soir, on va faire une petite promenade et dîner à Talant.

Jeudi, on va visiter le Musée de la Vie Bourguignonne et le Musée d'Art Sacré à Dijon. Le midi, on va déjeuner au Café Gourmand et l'après-midi, on va faire un petit tour de la ville.

Vendredi on va visiter le Parc naturel régional du Morvan.

Vendredi, on va déguster des poissons et des fruits de mer au Castel de Très Girard à Morey Saint Denis et le soir on va rentrer à la maison.

9

des – de la – le – du – de l' – en – du – au – des –à – dans – d' – la

B. C'est une bonne idée !

10 **a.**

monuments : la Cathédrale Notre-Dame
spécialités : la choucroute, la tarte flambée, le baeckeoffe, les vins
lieux intéressants : la Petite France
loisirs / sports : Musée d'Art Moderne et Contemporain, le canoë sur l'Ill
excursions : la route des vins

b.

1. Si vous aimez l'art moderne vous pouvez visiter le Musée d'Art Moderne et Contemporain.
2. Vous êtes en forme et vous désirez avoir une vue sur la ville ? Alors il y a la possibilité de monter à pied jusqu'à la plateforme de la Cathédrale.
3. Vous voulez déguster des spécialités alsaciennes ? Alors, vous pouvez aller dans un restaurant du vieux quartier.
4. S'il fait beau à Strasbourg on peut traverser la Petite France et descendre l'Ill jusqu'au Parlement Européen en canoë.

12

En France, tout le monde aime téléphoner, écouter de la musique et regarder un film à la télévision.
La majorité des Français aime aller au cinéma.
Beaucoup de Français aiment surfer sur Internet, regarder un film sur DVD et effectuer des activités de loisir sur un ordinateur.
Quelques-uns aiment jouer à des jeux sur un ordinateur.
Presque personne n'aime jouer à des jeux vidéo sur un téléphone portable.

13

1. peut
2. sait
3. sais
4. savons
5. peux

14

1. Jeanne adore la musique. Elle sait jouer du piano et chanter.
2. Gisèle ne peut pas aller au cinéma parce qu'elle est malade.
3. Marius est très sportif. Il sait jouer au tennis et adore le football.
4. Vous savez cuisiner ?
5. Est-ce que vous pouvez réserver pour samedi soir une table pour quatre personnes au bistro « Chez Luc » ?

15

Nom : Madeleine Lafayette
Jour : 27 mai
Heure : 19 h 30
Nombre de personnes : quatre ou cinq
Zone non-fumeurs

16 **a.**

Normalement, le matin, Isabelle boit seulement un café à la maison mais hier elle a pris le petit-déjeuner dans un café.
Normalement, le matin, Isabelle fait ses courses au marché, mais hier elle a fait du shopping avec deux amies.
Normalement, le midi, elle déjeune chez ses parents, mais hier elle a déjeuné dans une brasserie.
Normalement, le samedi après-midi, elle joue au tennis avec Annie, mais hier elle a visité une exposition de photographie.
Normalement, le samedi soir, elle dîne à la maison, mais hier elle a dîné chez Maurice.
Normalement, le samedi soir, elle sort avec des amis, mais hier soir elle est allée en discothèque avec Maurice et des amies.

17

1. Je voudrais louer un vélo pour trois jours.
2. Je voudrais réserver une table pour six personnes pour mercredi à 13 h.
3. Je voudrais acheter deux billets pour « Notre-Dame de Paris » vendredi à 20 h.
4. C'est dommage, mais je ne peux pas aller au cinéma parce que je dois aller chez le docteur.

19 **b.**

[ɛ] offen	[e] geschlossen	[ə] muet
billet	cinéma	je
vers	musée	musique
est	et	te
fête	admirer	dimanche
juillet	intérieur	monde
hiver	découvrir	ce
excursion	quartier	premier
concert	déguster	octobre
	beauté	samedi
		venir
		se retrouver
		petit
		dimanche
		historique
		ville
		place
		faire
		Europe
		Alsace
		route
		environnement

UNITÉ 12

1

1. bureau
2. au
3. sommes
4. belles
5. gentils
6. nouvel
7. les
8. le
9. te
10. soleil

2 **a.**

1. LEPRÉVAUX.
2. Le 18 août.
3. En 1980.
4. Seulement 69 euros.
5. À 16 h 05.

b.

1. vrai
2. faux
3. faux
4. faux

3 **a.**

1. Quel temps fait-il en Corse ?
   b) Très beau, il fait 25 degrés.
2. Tu sais, Pauline a finalement trouvé un travail.
   d) Je suis content pour elle !
3. Moi, je n'aime pas le sport.
   a) Moi non plus.

b.

1. Le concert de Lara Fabian, c'est quand ?
   c) C'est le deux avril.
2. Mercredi je ne peux pas sortir avec vous, j'ai mon cours d'espagnol.
   d) C'est dommage !
3. Ça te dit d'aller à l'expo de Matisse ?
   b) Bonne idée !
4. Alors au revoir. Demain on part en Italie.
   a) Au revoir et bon voyage !

4 **a.**

1. Nouvelle forme d'expression
   Écrire un SMS…
2. Littérature francophone
   Du 17 au 22 mars, le 26e Salon du livre…
4. Un nouveau produit d'exportation
   Depuis 1980, la France organise…

b.

Christine a réunion avec des clients autri-chiens.

c.

1. b – 2. b – 3. a